COMME QUOI

LA RÉPUBLIQUE

EST LA MEILLEURE

FORME DE GOUVERNEMENT

ET LA

VÉRITÉ SUR LES BONAPARTISTES

PARIS

LIBRAIRIE SANDOZ ET FISCHBACHER

G. FISCHBACHER, SUCCESSEUR

33, RUE DE SEINE, 33

1878

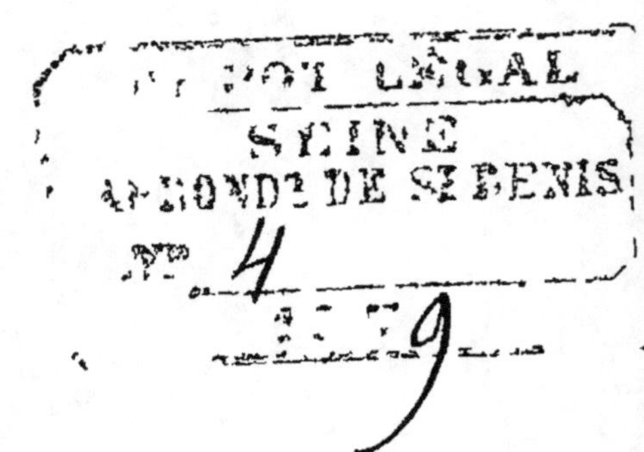

COMME QUOI

RÉPUBLIQUE

EST LA MEILLEURE

FORME DE GOUVERNEMENT

ET LA

VÉRITÉ SUR LES BONAPARTISTES

SAINT-DENIS. — IMPRIMERIE J. BROCHIN, RUE DE PARIS, 94

LA RÉPUBLIQUE

EST LA MEILLEURE

FORME DE GOUVERNEMENT

ET LA

VÉRITÉ SUR LES BONAPARTISTES

PARIS

LIBRAIRIE SANDOZ ET FISCHBACHER

G. FISCHBACHER, SUCCESSEUR

33, RUE DE SEINE, 33

—

1878

AVANT-PROPOS

C'est sans la moindre prétention littéraire que nous avons fait imprimer cette brochure. Nous poursuivons, en la publiant, un double but. Nous cherchons d'abord à faire aimer le gouvernement républicain, en faisant ressortir une partie de ses avantages, les mettant en parallèle avec les défauts des autres systèmes de gouvernement, car des qualités ils n'en ont plus, et ne peuvent plus en avoir; le temps de la monarchie est passé.

Aussi sommes-nous convaincu depuis long-temps que la République seule peut nous donner et nous conserver la paix, tant à l'intérieur qu'à l'extérieur, nous permettre de nous acheminer doucement et sans secousses vers un avenir plus grand, plus heureux, avenir dont profitera la société entière.

Nous avons voulu, en second lieu, combattre à outrance l'élément bonapartiste, en mettant au grand jour ses inqualifiables défauts, ses vices honteux, ses monstrueuses erreurs, et entraver ainsi le plus possible, aux élections prochaines, les candidatures des hommes encore disposés à soutenir quand même cet infâme régime.

Par la publication de cette brochure, nous avons l'espoir de ramener à nous quelques citoyens encore égarés par les faux grands airs de l'Empire ; car il faut être bien aveugle, avoir l'esprit bien borné, être en un mot bien près de l'idiotisme, pour ne pas juger et comprendre à présent l'énormité des fautes du gouvernement impérial, et se rendre compte des malheurs qui nous accableraient, si par notre faiblesse ou par certaine lâcheté, les suppôts de ce régime de terreur, de vols et de mensonges, parvenaient à ressaisir les rênes de l'Etat.

Ou bien, il faut être un intrigant de la pire espèce, ne plus avoir aucun sentiment de dignité, de vertu civique, pour désirer le retour au pouvoir de ces saltimbanques, et vouloir jouer, de complicité avec eux, cette ignoble comédie, qui leur permettrait de s'enrichir à nos dépens et d'assouvir leurs désirs immoraux, même au prix de l'effondrement de la Nation.

Alors ce désir est un crime !!!

COMME QUOI

LA RÉPUBLIQUE

EST LA MEILLEURE

FORME DE GOUVERNEMENT

ET LA

VÉRITÉ SUR LES BONAPARTISTES

Un soir de l'hiver dernier, plusieurs personnes d'opinions politiques bien différentes étaient réunies dans le salon d'un de mes amis à Paris. Je me trouvais par hasard présent à cette réunion et j'ai pu me convaincre de l'acharnement avec lequel les hommes de parti discutent et soutiennent ce qu'ils pensent être juste et avantageux pour leur cause. Ce qui s'est dit ce soir là ne doit être du reste que la répétition de ce qui s'est dit depuis longtemps, sous tous les régimes, et de ce qui se dira encore pendant bien des années. Ces discussions passionnées ne disparaîtront, à mon avis, que lorsque nous serons arrivés à un certain degré, je ne dirai pas de perfection, mais de raisonnement sain. Nous pourrons mieux juger alors les faits politiques et sociaux, qui se présentent dans le cours de notre existence ; et que d'après des causes diverses que l'on peut même prévoir, les partisans des régimes déchus, n'auront plus aucune puissance dans le gouvernement. Il ne restera plus en présence que des citoyens divisés, peut-être seulement sur l'application plus ou moins rigoureuse de leurs devoirs et de leurs droits, mais d'accord sur les principes, principes discutés, arrêtés par des législateurs vraiment imbus des idées de démocratie combinées avec celles de liberté et de justice, deux choses indispensables à la grandeur et à la prospérité de la nation.

Je vais donc raconter sans phrases, sans prétention, sans commentaires, ce que j'ai entendu, et si je ne reproduis pas exactement le langage parfait de quelques-uns des interlocuteurs, car je n'ai pas au même degré l'habitude de la parole, je respecterai du moins scrupuleusement le fond de leur pensée.

Nous étions huit personnes réunies dans le salon de l'ami dont je vais parler d'abord en quelques mots, car je crois nécessaire de faire connaître sommairement les personnes qui assistèrent et prirent part à notre entretien. Mon ami est un ingénieur. Je fis sa connaissance dans mon pays où il dirigeait des travaux pour la construction d'un chemin de fer. Je lui fournissais les bois qu'il faisait transformer en traverses pour supporter les rails. C'était un honnête homme, j'en ai eu la preuve en mainte et mainte circonstance. Il tenait loyalement en tous lieux les intérêts des compagnies qu'il représentait. Auprès de lui sa femme et sa fille, personnes instruites et possédant l'une et l'autre cette éducation ferme et raisonnée si utile, je dirai même si indispensable au bonheur d'une famille. Mon ami l'ingénieur était républicain. Elevé à l'école du travail et plus tard à celle des grandes affaires, il a pu apprécier la vie sous différents aspects et en retirer le meilleur parti possible.

Voilà nos trois premiers personnages. Quant au quatrième, le plus âgé, c'était un ancien secrétaire d'ambassade, figure énergique, de naissance noble, distingué dans ses manières et dans sa tenue, instruit cela va sans dire, mais croyant

sincèrement que Dieu avait créé plusieurs classes d'hommes, lui, bien entendu, faisant partie de
la classe la plus élevée. Il avait été décoré de la
légion d'honneur vers la fin du règne de Charles X
sans qu'on sut trop pourquoi et promu officier
dans les premières années du règne de Louis-Philippe. Le roi voulait probablement l'engager à se
rallier au nouveau gouvernement. Peine inutile.
Notre homme a conservé toutes ses convictions
royalistes de droit divin. Il n'a pas même voulu
continuer à ·suivre la carrière diplomatique sous
un autre régime que celui qu'il avait aimé et servi
dans sa jeunesse, régime auquel il est resté fidè-
lement attaché; aussi, pour la facilité de notre récit nous le nommerons *le Légitimiste*.

La personne qui par l'âge venait après lui était
un approbateur militant des paroles de Lafayette,
libéral à la façon de Guizot. Ancien employé
supérieur de l'Administration des Finances, mis
à la retraite depuis peu; il était vexé au dernier
degré, d'être sorti de sa sinécure, sans avoir eu
la satisfaction de voir sa boutonnière ornée de ce
petit ruban rouge si convoité, de ce petit ruban
qui fait si bon effet dans les salons et ailleurs
qui fait croire à une bonne partie de nos conci-

toyens que l'homme qui le porte, est à l'abri de tout soupçon d'indélicatesse, erreur profonde et dont nous avons tous les jours à nous repentir, instruits à nos dépens. Nous nommerons ce brave homme *l'Orléaniste*.

Le sixième personnage est un négociant retiré des affaires, après avoir acquis une fortune considérable. Grâce à cette fortune, il peut vivre en grand seigneur. Il ne faut que rien ne le dérange de ses habitudes ou de ses manies, car il en a, et si la fortune lui a souri, son caractère et ses manières n'ont pas beaucoup changé avec elle. Il est resté le même homme, tel qu'il était à l'époque où il fonda son établissement. Les changements survenus en politique n'ont pas modifié ses raisonnements, ni ajouté à sa clairvoyance. Il ne voit pas au delà du cercle de son binocle, qu'il ne quitte jamais un instant, non pour mieux voir, mais pour mieux lancer, en vrai sondeur qu'il est, tantôt à droite tantôt à gauche un coup d'œil investigateur. Cet homme n'ayant aucune opinion politique nous l'appellerons *l'Indifférent*.

Notre septième discoureur était un homme arrondi par l'embonpoint. Son père, ancien entrepreneur de bâtiments avait eu la malheureuse idée d'élever son fils pour en faire pour le moins un ministre, au lieu d'en faire un bon entrepreneur comme lui, doublé d'un garçon instruit et bien élevé. Il avait eu en outre l'insigne maladresse de lui faire sentir à tout propos, que son porte feuille était garni de nombreux billets de banque, dont il pourrait disposer après sa mort, qui devait peu tarder. Il s'était, en effet, exténué de travail et de privations, tout cela dans le but de faire arriver son fils à une position sociale bien au-dessus de celles auxquelles pouvaient prétendre les enfants de sa connaissance. Notre gaillard n'avait que trop bien répondu à de pareils encouragements. Il n'a jamais voulu employer son temps convenablement et a préféré le dissiper sans réflexion. Il a gaspillé une partie de son patrimoine dans des jeux de bourse, dans les courses, dans les cercles, dans des paris ruineux, dans ces plaisirs et ces distractions nombreuses que toute personne peut se donner, lorsque l'instruction qu'elle a reçue et un certain aplomb naturel lui permettent de faire quelque figure dans le monde. Notre homme était d'ailleurs d'une taille assez élevée, se tenant roide comme un vieux sergent devant son colonel, portant moustaches et barbiche à la Napoléon III, d'un caractère assez jovial, mais hautain dans bien des circonstances, trop affable dans d'autres, maintenant grand brasseur d'affaires, trouvant toujours de l'argent à gagner dans des opérations devant lesquelles d'honnêtes gens reculeraient de peur d'être entraînés dans l'abîme. Notre homme, cela va sans dire, présentait le type de l'approbateur du régime déchu. Nous l'appellerons *le Bonapartiste.*

Le huitième personnage etait votre serviteur. Bien qu'elevé à la campagne, j'ai pu dans une vie laborieuse acquérir sur les questions politiques et sociales des idées que je crois justes et sensées et que ne fît que corroborer la discussion qui se déroula en ma présence.

Nous etions assis moelleusement les uns sur le canapé, les autres sur de larges fauteuils, mon ami l'Ingénieur avait terminé la lecture d'un nouveau décret du Président de la République sur l'organisation de l'armée lorsque sa femme s'écria : « *Mon Dieu, que je suis heureuse de ne pas avoir de garçon, car avec toutes ces lois faites et refaites à chaque instant, on ne sait jamais à quoi s'en tenir sur le sort de ses enfants ! — Quand donc les hommes seront-ils assez sensés pour constituer de bon-nes lois définitives ?* »

Madame, reprit aussitôt *le légitimiste*, ce sera toujours la même chose tant que nous serons obligés de supporter cette fameuse République.

Vous avez raison, répondit *le bonapartiste*, le Gouvernement républicain ne donnera jamais que le désordre et le gâchis. C'est à qui sous ce beau régime aura des places, des honneurs, des positions avantageuses, que chacun cherche à obtenir par la protection et par la partialité. Certainement sous l'empire les choses se passaient autrement.

Oh ! oh ! mon cher Monsieur, dit le *Républicain*, vous avez la mémoire bien courte, ou de grandes dispositions à l'oubli ; et pour vous remettre sur la voie, je vous engage à lire le journal *le Siecle*, un des derniers numéros, et vous verrez que le livre d'or des Bonapartistes s'augmente tous les jours. Vous pourrez reconnaître en même temps qu'une grande partie de ces braves et honnêtes gens, n'ont eu des places, des faveurs, des profits énormes sous l'Empire que parce qu'ils avaient le talent que vous cherchez avec tant de facilité à faire endosser aux hommes d'aujourd'hui.

L'INDIFFÉRENT. — Je ne comprends pas, Messieurs, que vous souleviez à tout moment des discussions de ce genre ; une partie de Whist vous mettrait bien mieux d'accord ; que voulez-vous que nous fassent tous vos changements ? Est-ce que nous en sommes la cause ? Pour moi, je ne désire qu'une chose, la tranquillité. Mettez-moi qui vous voudrez pour gouverner, un chat, un chien, un singe, cela m'est bien indifférent, pourvu que l'on me donne la paix. Je vis fort bien sans m'occuper de politique. Oui, je vous le répète, Messieurs, je ne demande qu'une seule chose, c'est qu'il n'y ait plus de révolutions. Sur ce, changeons de conversation.

LE RÉPUBLICAIN. — Mais comment voudriez-vous, mon ami ; qu'il n'y ait plus de révolutions si tout le monde raisonnait comme vous ? Les hommes indifférents sont généralement cause de nos malheurs. Ils disent, en effet, à qui veut les entendre « Quant à nous, cela nous est égal, arrangez-vous comme vous l'entendrez ; nous n'y pouvons rien. — Lorsqu'une révolution éclate, au lieu d'aider à faire renaître le calme par leur présence et leurs bons conseils, on les voit partir aussitôt pour l'étranger, emportant leurs

fonds disponibles, car c'est une chose à remarquer : ces gens-là ont toujours la précaution de
mettre à l'abri, au delà des frontières une partie
de leur avoir, sans s'inquiéter le moins du monde
des cataclysmes qui peuvent fondre sur leur pays.
Aussi, je les blâme fortement pour ma part, ces
hommes qui n'ont pas de patrie. Je regrette, mon
cher, de vous dire si carrément ma façon de penser mais vos raisonnements d'homme indifférent
m'y contraignent.

L'INDIFFÉRENT. — C'est votre habitude, du
reste; aussi je ne me fâche jamais. Je ne veux
pas me faire du mauvais sang pour les autres;
chacun pour soi et le « bon Dieu pour tous. » Cet
adage, je le trouve parfait. Je m'y tiens. Dites
donc à votre aise tout ce que votre cerveau enflammé vous conseillera de débiter sur ceci ou
sur cela. Vous êtes libre.

L'ORLÉANISTE. — Il est libre, cela vous est
bien aisé à dire, à vous qui n'avez aucun principe
à défendre, aucun descendant pour lequel vous
soyez obligé de réfléchir, car si nous adoptions
les vues et les idées de notre aimable hôte ou
irions-nous? je n'en sais rien. Il prétend en effet
que sa république fait bien tout ce qu'elle fait,

qu'elle n'a point de défauts, qu'elle est la merveille des merveilles. Pour moi, je crois que malgré toutes ses qualités nous nous embourbons. Voyez-vous, Messieurs, tant que nous n'aurons pas une royauté constitutionnelle, nous n'avancerons pas, nous ne nous ferons pas d'appuis à l'extérieur; nous serons délaissés par les autres puissances. Inutile de vous le dire. La République n'est pas aimée au dehors, cela se comprend du reste. Sauf un très-petit état, tous les gouvernements ont un intérêt à ne pas soutenir un régime qui peut donner un mauvais exemple aux peuples placés sous leur direction. Rappelez-vous 48. Qui était avec nous? — Personne. — Qu'ont voulu faire différents peuples? des révolutions semblables à la nôtre. — Elles n'ont pas réussi. — Ils ont été forcés de retomber sous le régime monarchique, duquel ils n'auraient jamais dû sortir. C'est à mon avis le meilleur gouvernement pour un peuple. Vous le voyez du reste par l'exemple que nous a donné l'Espagne. Elle a été obligée, vous le savez de revenir à la monarchie.

LE RÉPUBLICAIN. — Je ne voudrais pas, mon cher interlocuteur, vous faire déplaisir en frappant trop fort sur vos gouvernements personnels ou même constitutionnels si vous le désirez. Les républicains doivent faire tout leur possible pour ne pas irriter leurs adversaires convaincus, comme vous l'êtes, vous, surtout, mais ils doivent tendre à prouver par de bons exemples, appropriés à la situation, que le gouvernement que je préconise et que je soutiens de mes votes est le meilleur des gouvernements. Oui, Messieurs, je vous demande à tous un instant d'attention pour vous convaincre par de bonnes raisons.

Le Bonapartiste. — Vos bonnes raisons, nous les connaissons, elles n'ont pas changé depuis 1848.

Le Légitimiste. — Depuis 89, s'il vous plaît, ce fameux 89. Ces gaillards-là emploient toujours les mêmes arguments sans pouvoir nous prouver autre chose. A savoir que les petits voudraient bien être à la place des grands; voilà tout le mystère.

Le Républicain. — Messieurs, ce que vous venez de dire n'est pas raisonnable, ce n'est pas plus exact. La Révolution de 89 a fait renaître le pays sous de meilleures conditions sociales. N'est-ce pas elle qui a permis à l'homme intelligent et peu favorisé par la fortune de sortir de sa position précaire et de se placer au même niveau que les gens qui n'avaient qu'à parler ou à se courber pour occuper les places les plus brillantes et les plus enviables ? N'est-ce pas la Révolution qui a permis aux institutions libérales de se développer et à l'œuvre sociale de se fortifier ? N'est-ce pas elle qui a jeté des fondements solides, basés sur l'égalité, dont non-seulement la France, mais tous les peuples profitent en ce moment ?

LE LÉGITIMISTE. — Ah ! vous appelez cela profiter de vous institutions que de renverser les anciens régimes, régimes inattaquables, régimes de droit divin ; je prends un exemple : elles en ont fait de belles, vos populations italiennes en renversant leurs monarques. Elles sont bien plus heureuses aujourd'hui qu'elles sont passées sous le joug d'un tyran qui n'avait rien de paternel, dont les idées ambitieuses étaient encouragées et soutenues par des ministres impies qui n'ont pas craint ni rougi d'incarcérer ignominieusement l'homme le plus sacré du monde, notre bien regretté Saint-Père Pie IX ! Pensez-vous que Dieu qui voit toutes choses, soit satisfait de cela, et, qu'un jour ou l'autre, ces détrôneurs de rois n'auront pas à subir le châtiment d'aussi abominables forfaits ?

LE RÉPUBLICAIN. — Mon cher royaliste, je vous ferai remarquer que vous élargissez beaucoup trop notre débat, en faisant intervenir dans nos discussions d'ici-bas l'Etre suprême, que les libres-penseurs nomment le Grand architecte de de l'Univers. Il n'est assurément pas probable que cet être parfait s'occupe le moins du monde de ces petits détails ; son essence est placée dans des régions bien plus élevées. Il ne descend pas jusqu'à nous, sans cela nous aurions le droit de lui reprocher, le plus respectueusement possible, sa façon de nous diriger. Nous ne voyons aucune utilité pour lui à laisser commettre, sur cette terre, autant de maladresses, autant de mauvaises actions pour avoir simplement le plaisir de les réprimer ou de nous punir lorsque cela lui plaît. Les républicains se font une idée plus haute et plus philosophique de l'Etre suprême. Ils pensent qu'aprés avoir créé l'Univers entier, dont les destins nous sont à tous inconnus, que nous ne connaîtrons jamais, il a laissé pousser, grandir et se modifier les premiers éléments qui ont constitué l'ensemble du monde sidéral et qu'après avoir donné à tout cet admirable ensemble une direction puissante et régulière, il attend des circonstances impénétrables aux hommes, pour modifier ces éléments. Mais rien au monde ne nous autorise, les uns ou les autres, à mêler son nom aux choses d'ici-bas, sans blasphémer sa grandeur infinie. Quant aux Italiens, je les approuve. Il y a longtemps qu'ils auraient dû accomplir ces changements.

LE BONAPARTISTE. — Vous le prenez de bien haut avec votre définition philosophique, eh bien, moi, je vous dirai que sans une religion bien accentuée, les peuples ne peuvent pas vivre longtemps ; la religion est une nécessité de premier ordre. Ceux qui ont voulu s'en passer sont tombés dans la barbarie. L'homme qui devrait être respecté le plus dans sa personne et dans ses droits, est le vicaire de Jésus-Christ. C'est à tort que les Italiens ont martyrisé ce vénérable vieillard.

LE RÉPUBLICAIN. — C'est bien à vous de me donner des leçons à ce sujet. Qu'a donc fait votre premier empereur ? S'est-il gêné pour emprisonner le pape de son temps ainsi que plusieurs cardinaux. N'a-t-il pas voulu les forcer à faire ce que leur conscience désapprouvait? Lorsqu'on a des idoles qui ont un passé comme en ont les vôtres, je pense qu'il serait bon de moins s'enflammer contre une cause que beaucoup de personnes trouvent juste. Les Italiens étaient libres de choisir leur roi ; ils ont préféré Victor-Emmanuel à plusieurs principicules et ducs. Ils ont assurément bien fait, tout en réservant pour plus tard l'amélioration gouvernementale à laquelle tendent tous les peuples, c'est-à-dire la République.

L'Indifférent. — Je n'aime pas à entrer dans vos discussions. Je proteste cependant contre les paroles du maître de céans ; le premier empereur voulait être le chef de toute l'Europe continentale afin d'agrandir la France et d'anéantir l'Angleterre, qui fut toujours notre mortelle ennemie. Il lui fallait donc, pour pouvoir arriver à ses fins, commettre quelques injustices, d'autant plus que ce pape ne faisait que susciter la révolte chez les diverses populations d'Italie. De plus il manquait à ses engagements envers l'Empereur et envers notre pays. En troisième lieu, je suis aussi d'avis qu'il faut une religion, quelle qu'elle soit, afin de comprimer l'élan de ces hommes impétueux qui seraient toujours à révolutionner, s'ils ne craignaient point d'être un jour punis de leurs méfaits.

Du reste, je ne sais pas de quoi je vais m'occuper-là. Cela m'est bien égal, pourvu que je sois tranquille et qu'il n'y ait plus de révolutions. Aussi, je vous en prie, Messieurs, cessez vos citations et vos définitions plus ou moins justes. Elles font vous dire, les uns aux autres des choses désagréables. Faisons notre partie, d'autant plus que ces dames ne sont pas assurément satisfaites de passer leur temps à écouter vos dissertations orageuses.

La Dame. — Vous vous trompez, cher monsieur, nous aimons, au contraire, cette animation et nous en retirons le plus de fruit possible. Quant à ma fille, je crois que cela l'intéresse plus que de vous voir jouer aux cartes. Elle se rend très-bien compte de la valeur des différentes formes de gouvernement, et, lorsqu'elle sera mere de famille, elle pourra mieux juger l'avenir, diriger ses enfants dans la bonne voie. En effet, entendre toujours dire la même chose, cela ne fortifie point l'esprit, en même temps que cela ne permet point à la jeunesse de se faire une idee exacte de la situation créée par les événements politiques. Aussi, Messieurs, instruisez la femme sous tous les rapports. Vous serez assurés d'augmenter, par ce moyen, la valeur de l'homme, qui n'aura plus pour compagne une momie ou une coquette, mais une épouse intelligente avec laquelle les discussions utiles seront possibles et agréables.

LE LÉGITIMISTE. — C'est une manie que vous avez là, chère dame. de vouloir que votre fille soit initiée à la politique. Est-ce que c'est là le rôle d'une femme ? Est-ce que nos meres s'y connaissaient, à tout cela ? Croyez-vous qu'elles n'ont pas fait tout de même de bonnes directrices de famille ? Il y a déjà trop d'hommes qui s'en occupent de politique, sans que les femmes viennent encore s'en mêler.

LA DAME. — Si nos mères, et surtout les vôtres, messieurs les royalistes, nous avaient élevés avec des idées moins égoistes, moins retrécies, et surtout moins hautaines, les révolutions qui sont survenues depuis cent ans, eussent été moins terribles. Quelques-unes même auraient été probablement evitées. Ce qui, en effet, produit généralement les révolutions, dont notre ami ne veut plus entendre parler, ce sont les injustices, les vexations qui partent d'en haut, et surtout les souffrances du peuple qui les supporte ; une autre cause encore, c'est la différence d'éducation des diverses couches qui composent ce peuple. L'un croit que c'est son droit de tout avoir, de tout s'approprier : places, honneurs, distinctions, profits ; l'autre, fatigué de sa position précaire, cherche à s'élever et à s'instruire, afin qu'un jour ces places, ces honneurs et ces profits puissent être partagés entre tous les enfants de la même nation. Or, si l'instruction était donnée librement, sans parcimonie, elle aiderait puissamment au développement du bon sens des populations, qui en profiteraient pour sortir de leur niveau inférieur. Elles prouveraient par là aux personnes placées au faîte des positions sociales, souvent acquises par la protection et l'injustice, qu'il ne doit pas y avoir de parias en France, que tous les hommes sont égaux, lorsque l'honnêteté et l'intelligence dirigent leurs pas dans la vie. Aussi, mon mari et moi, nous sommes pour l'instruction la plus forte et la plus répandue. Ce qui est bon et utile à savoir pour l'un, l'est également

pour l'autre; un Français de la plus petite bour-
gade, vaut un Français de la plus grande ville.
Ils ont, par conséquent, les mêmes droits, d'autant plus qu'on leur impose les mêmes devoirs.
C'est surtout vis-à-vis de l'étranger qu'il importe
qu'un Français soit instruit et sérieux dans toutes ses actions, sans cela, je crois que nous aurons bien de la peine à nous relever moralement
de nos catastrophes.

L'ORLÉANISTE. — Certainement, madame, vous
avez raison pour l'instruction. Aussi, n'est-ce pas
sous le gouvernement paternel et constitutionnel
du roi Louis-Philippe, qu'on a commencé à instruire le peuple, à fonder des écoles communales,
à répandre l'instruction primaire? Que de belles
et de grandes choses n'a-t-on pas faites sous ce
régime! Je crois que si les Français étaient
moins changeants, les progrès se seraient réali-
sés quand même sous ce règne, et nous n'aurions
pas eu à subir toutes ces diverses catastrophes,
dont madame vient de parler.

LE LÉGITIMISTE. — Catastrophes! Vous êtes
vraiment bien doux dans votre langage, j'appelle
cela l'effondrement, l'anéantissement de la nation. Voilà à quoi vous conduisent vos gouverne-

ments qui reposent sur l'honnête, sur le sublime suffrage universel, où toutes les têtes plus ou moins intelligentes ont le droit de nous faire supporter les hommes de leur choix ; oui, elle est jolie votre manière de nommer des représentants. On en a vu de belles depuis une quarantaine d'années. Je suis sincèrement fâché de n'être pas venu au monde plus tôt afin de ne pas assister à cette orgie de défaillance et de démoralisation. Sous la royauté légitime, chaque famille avait sa place, elle n'en sortait que par la volonté du souverain ; on était moins exposé au débordement des idées saugrenues qui pèsent sur le cerveau de ces gens inconscients, qui se croient tous capables et dignes de gouverner.

Le Republicain, — Je ferai d'abord remarquer à notre ami, le soutien des d'Orléans, que le premier élan sérieux qui a eté donné à l'instruction ne date pas du règne qu'il glorifie avec tant de bonté. Il date de la première République. C'est encore là un bienfait à mettre à son avoir, et je vous prierai de vouloir bien m'en tenir compte lorsque vous voudrez bien me permettre d'énumérer tout ce que ce système de gouvernement a fait de bon. Je vous ferai aussi remarquer que, sous Louis-Philippe, la dépense pour l'instruction publique ne s'élevait par année qu'à une somme bien minime, tandis qu'aujourd'hui, cette dépense si utile se chiffre par millions.

LE BONAPARTISTE. — Vous venez, messieurs, de parler du suffrage universel, comme des hommes qui l'ont en horreur, mais ne vous en êtes-vous pas servis à votre aise lorsque vous aviez à nommer des personnes de votre parti ? Si vous avez des critiques à adresser ce n'est certes pas à l'Empire. C'est lui qui a permis à la France de se prononcer sur la forme gouvernementale qu'elle préférait. Ce qui nous a valu dix-huit années de calme, de grandeur, de prospérité.

TOUS ENSEMBLE. — Oh! oh! oh! Il y a bien à redire à tout cela.

LE RÉPUBLICAIN. — Oui, c'est affaire à vous, bonapartistes, de nous parler du suffrage universel. Vous l'avez bien tordu et retordu à votre façon, afin de lui faire subir toutes les formes qui vous étaient les plus utiles pour satisfaire vos ambitions démesurées. C'est encore une œuvre dont les bonapartistes ne devraient jamais parler ; entre leurs mains, ce Palladium du peuple, a été avili au premier degré ; tout le monde se

souvient des votes forcés de l'armée, de ceux ob-
tenus dans les hôpitaux et dans les administra-
tions, des soupières à la Du Miral, des veaux à la
Calvet-Rognat, des jambons, des saucissons, des
liquides de toute provenance distribués à profu-
sion pour la réussite du candidat officiel. Toutes
ces horreurs dégoûtantes ont constitué les orgies
les plus scandaleuses qui puissent se produire
dans un pays où l'élection d'un député devrait
être la sauvegarde des électeurs. Oui, s'il était
possible de savoir tout ce qui s'est passé sous le
regime impérial, avec cette façon de diriger le
suffrage universel, nous en apprendrions de jolies !
Mais oublions ces jours néfastes, car nous avons
l'espoir qu'avec l'instruction et un personnel dé-
voué à nos institutions, nous obtiendrons, dans
quelques années, un bon résultat dans l'exercice
de ce droit dont on s'est si mal servi jusqu'à
présent.

Le Légitimiste. — Vous avez beau dire tout
ce que vous voudrez, votre suffrage universel
n'est ni juste ni équitable. Non, je n'admettrai
jamais qu'un maçon, qu'un goujat, ait un vote
égal au mien. Cette manière d'agir me répugne.
Si nous nous en sommes servis, c'était pour com-

battre l'anarchie, la vaincre, si cela était possible. Aujourd'hui malheureusement, nous pouvons nous compter, et je doute que notre bien-aimé roi Henri V, puisse jamais remonter sur le trône de ses ancêtres, c'est encore cependant mon unique espoir, mais c'est tout.

L'Orléaniste. — Oui, certainement, ce fameux droit de voter, jeté à la face de tous les hommes sans exception, a été la cause d'une bonne partie de nos malheurs, et si cette ridicule idée d'étendre le cens n'était pas venue à ces faux libéraux de 48, la Révolution de cette époque ne serait pas arrivée. Nous aurions encore sur le trône un des descendants de cette famille patriarcale et ce régime constitutionnel qui est seul capable de nous rendre la paix et la tranquillité, tant à l'intérieur qu'à l'extérieur, et de permettre à notre pauvre pays de faire ses affaires et de se relever, car tont va mal.

Le Républicain. — Je suis de votre avis, messieurs, sur plusieurs de vos réflexions ; ainsi je regrette que les hommes n'aient pas plus d'instruction pour qu'ils puissent mieux discerner l'importance de leur vote et ne pas se laisser aller à la dérive, en suivant une direction plus ou moins sage que le premier venu peut leur indiquer ; je suis fâché aussi que l'homme de mauvaise conduite ait la même force que moi devant l'urne, mais je supporte ce mal en patience, avec l'espoir qu'un jour ce vote universel se fera avec plus de conscience et qu'il sera l'expression vraie des sentiments de la nation.

Quant à faire des catégories, je crois que cela est impossible ; il y a, en effet, des gens insensés et de mauvaise vie, dans toutes les positions sociales. Faire un triage des électeurs me paraît chose impossible, au-dessus des forces humaines. Contentons-nous d'améliorer l'esprit et la conduite de nos concitoyens, en général, par l'instruction et le bon exemple. Qu'il vienne surtout d'en haut, et cette différence, certainement choquante, s'effacera presque entièrement à la longue !

Quant à regretter la Royauté et même l'Empire pour les affaires, je crois, Messieurs, que votre haine contre la République ne vous permet pas d'apprécier les faits à leur juste valeur, aussi je vais vous prouver par une des dernières statistiques que, sous le Gouvernement républicain, les affaires ne vont pas si mal que vous vous plaisez à le dire. Voici une comparaison concluante. En 1869, dans une des meilleures années de l'Empire, les importations et les exportations réunies se sont élevées au chiffre de 6,227,012,100 francs, tandis qu'en 1876, ces deux mêmes genres d'opérations commerciales ont atteint 7,510,065,000fr. en chiffres ronds. Ce qui prouve que malgré la perte de l'Alsace et d'une grande partie de la Lorraine les affaires ont augmenté considérablement, preuve certaine que le régime républicain acquiert la confiance du pays et même celle des étrangers, du reste notre grand emprunt vous l'a bien prouvé ainsi que notre Exposition universelle.

Le Légitimiste. — Vous avez beau soutenir avec adresse votre système de Gouvernement, nous ne l'adopterons jamais, car vous ne savez pas vous-mêmes où vous allez. Tout en croyant faire le bien, vous faites beaucoup de mal, et malgré votre conclusion sur les affaires, vos chiffres peuvent être erronés. Je n'ai pas grande confiance dans vos administrateurs. Vous n'arriverez, vous dis-je, qu'à nous créer des communards, à recommencer ces beaux exploits qui ont tant coûté au pays.

Le Bonapartiste. — Oui, ils en ont fait de belles, ces gaillards-là, avec leur Commune, vous pouvez les soutenir ces misérables coquins, qui, après avoir pillé, incendié, assassiné, après s'être roulés dans la fange ont tiré sur l'armée qui représente le pouvoir, la force et l'honneur de la Nation.

L'Indifférent. — Ah oui! ces misérables. Ils ont commis assez de crimes. Aussi pleurais-je de rage pendant cette maudite Commune, en lisant les journaux que nous recevions à Vichy où nous nous étions réfugiés depuis le commencement de la guerre et qui nous donnaient tous ces détails navrants. Ma femme et moi nous avions toujours peur que nos maisons fussent incendiées. Aussi lorsque la prétendue tranquillité a été rétablie, je me suis empressé de les vendre. Je ne veux plus endurer de pareilles angoisses; ah! les brigands de communards, de républicains!

Le Republicain. — Une fois pour toutes, Messieurs, je vous serai obligé de ne pas confondre les républicains avec les hommes qui ont fait la Commune, c'est-à-dire cette guerre civile qui a été blâmée par tous les honnêtes gens à quelque parti qu'ils appartiennent. Or, sans vouloir sou-

tenir ces révoltés, je vais en quelques mots remettre les choses à leur place, car, pas un de
vous, d'après ce que j'entends, ne s'est rendu un
compte exact de ces malheureux événements.
S'il en est autrement, vous mettez dans vos
paroles une mauvaise foi qui n'est pas pardon-
nable, surtout chez des gens aussi éclairés que
vous l'êtes sur notre situation politique.

Je commence par vous faire remarquer que la
première cause de tous ces malheurs réside dans
l'état d'ignorance et de démoralisation dans lequel une grande partie de la population est
encore plongée par la faute des hommes qui ont
tenu jusqu'à présent les rênes du gouvernement.
Ils avaient intérêt à laisser les masses dans l'ignorance, afin de mieux les maîtriser et les spolier ; en
second lieu, vient la guerre déclarée par l'Empire.
Cette guerre a permis, pour la défense du pays,
de mettre dans les mains des Parisiens une
grande quantité d'armes et de munitions, laissées
si maladroitement à leur disposition après l'armistice. La troisième cause est la mauvaise direction du siége de Paris, les lâchetés et l'inca-
pacité de certains généraux chargés de la défense
du pays, tant à Paris qu'en province. En qua-

trième lieu, les grandes privations subies et supportées avec un courage héroïque par la malheureuse population de la capitale. Cinquièmement, les maladresses qu'ont commises dans la direction des affaires les ministres de cette époque. Il est certain, en effet, qu'ils n'ont pas montré dans ces malheureuses circonstances tout le savoir et toute l'énergie nécessaires en pareil cas ; je citerai des exemples à l'appui ; ainsi, au lieu de décréter immédiatement comme ils l'ont fait l'abolition de la garde nationale, et cela sans aucun dédommagement pécuniaire, ils avaient apporté plus de réflexion, cette œuvre de transformation se serait accomplie plus facilement et sans secousses. Mais pour cela, il fallait, aussitôt l'armistice conclu, décréter deux ou trois cents millions de travaux quels qu'ils fussent. Il ne manquait certes pas de choses utiles à entreprendre ou à continuer afin d'occuper immédiatement cette population ouvrière, qui était à la dernière extrémité de courage et d'argent. Il fallait décréter ensuite la dissolution de la garde nationale, institution des plus mal organisée, tout en continuant la paie journalière aux gardes nécessiteux, pendant une quinzaine de jours, afin

de permettre à chaque citoyen de se retourner et
de se procurer du travail dans les chantiers qui
se seraient formés aussitôt. Il fallait forcer, pendant ce laps de temps et sous les peines les plus
sévères, les gardes nationaux à remettre les
munitions et les armes dont ils étaient déten-
teurs, faire rentrer sous bonne escorte, dans les
arsenaux, tout ce matériel, ainsi que les canons
laissés si stupidement à la garde d'hommes plus
ou moins bien intentionnés et surtout dirigés. Si
l'on avait pris toutes ces précautions, nous n'aurions pas eu la Commune, ni tant sur l'histoire
de notre pays que sur la conscience des hommes
auteurs de tous ces maux, de ces crimes et de ces
malheurs irréparables. Au lieu d'avoir dépensé
neuf cents millions pour parer aux ruines pro-
duites par cette guerre civile, le pays n'aurait eu
à supporter qu'une avance de deux ou trois cents
millions. Les affaires auraient alors repris leur
cours comme après ces malheureux événements,
nous serions encore une fois sortis d'un grand
embarras. Le Gouvernement se serait solidement
établi et aurait fonctionné sans entraves; mais
cette facilité de franchir les difficultés ne plaisait
pas à tout le monde, car la République se serait

implantée d'une manière définitive sans une goutte de sang versé, sans révolution. Elle eut été à jamais inexpugnable. Il fallait donc pour l'empêcher d'exister attiser les passions et préparer une guerre civile, même devant l'ennemi, qui aurait pu en profiter pour frapper plus fort sur sa proie. C'etait là surtout l'intérêt des bonapartistes. Dans quel gâchis allaient-ils se trouver ? Les Tuileries étaient remplies de documents accusateurs, qu'on commençait à compulser, et qui auraient mis au grand jour l'honnêteté de cette famille de saltimbanques ; en outre, le bâtiment des Finances, la Cour des Comptes, le Palais-Royal, la Préfecture de police, l'Hôtel-de-Ville, la Chancellerie de la Légion-d'Honneur, tous ces monuments contenaient des monceaux considérables de pièces probantes, accusatrices d'une très-notable partie des hommes qui avaient gouverné sous l'Empire ou qui lui avaient appartenu, auquel ils étaient rattachés par divers liens de parenté ou par des services rendus. C'était, en effet, l'époque de rien' pour rien. Cela était si facile. Or, pour que tous ces documents ne puissent reparaître au grand jour, faire comprendre à tout jamais combien le peuple avait été leurré sous cet infâme régime, eh bien ! il fallait tout brûler, tout anéantir, au risque d'incendier Paris en entier. Ces édifices, ces propriétés diverses, cette richesse perdue, tout cela n'était rien pour ces misérables, pourvu qu'on ne puisse point attaquer pièces en main l'idole de leurs exploits. La manière frauduleuse dont la guerre a été déclarée a bien prouvé, du reste, que l'intérêt dynastique passait bien avant les intérêts de la nation.

Voilà pourquoi et comment nous avons eu la Commune, voilà pourquoi nous avons perdu bien des existences qui étaient chères à bien de nos concitoyens, ces monuments et ce qu'ils contenaient. Les soutiens du régime impérial peuvent maintenant répondre aux personnes qui leur adressent des reproches à ce sujet, que rien n'est plus faux, et qu'ils les mettent au défi de donner des preuves. Nous ne possédons plus, en effet, de tous ces hauts faits, que quelques fragments contenus dans les papiers et correspondances secrètes du second Empire.

Maintenant, Messieurs, que vous connaissez les causes de la Commune, veuillez reporter tous ces malheurs au compte des bonapartistes et non sur celui des républicains, qui n'avaient aucun avantage à retirer de ces destructions. Au contraire, nous eussions été heureux de prouver à nos enfants que le régime impérial était loin d'avoir donné le bonheur à la France et que, malgré quelques grands travaux exécutés d'une manière deshonnête, il avait mis notre pays à deux doigts de sa perte ; que son passage au pouvoir a coûté plus de quinze milliards aux Français ; car, remarquez-le bien, Messieurs, ce qui a fait surtout une grande partie de la force de ce Gouvernement et ce qui lui a permis de se maintenir si longtemps au pouvoir malgré ses fautes énormes, ce sont les progrès qui se sont produits dans les sciences et dans les arts, la grande extension de l'emploi des machines à vapeur, tant dans l'industrie que dans la création des chemins de fer. Ceux-ci ont apporté cette facilité de locomotion et de transports qui ont changé la face du pays et causé ainsi une amélioration sur les règnes précédents, amélioration très-avantageuse pour le commerce et l'industrie. Puis, l'emploi de l'électricité appropriée au système télégraphique, etc., etc. Tous ces progrès venus en leur temps auraient aussi aidé à la consolidation de tout autre gouvernement, surtout de la République de 1848. En effet, toutes ces améliorations sont arrivées au commencement de ce règne néfaste. Sans cela, l'Empire n'aurait pas pu vivre si longtemps ; mais une grande partie de nos concitoyens ne se rendant pas bien compte de la situation, ont attribué tout ce bien-être aux qualités du gouvernement impérial, et, pour le remercier des choses dont il a su tirer parti, l'ont approuvé dans toutes les circonstances, par crainte de voir anéantir cette richesse qui était loin d'être entièrement de son fait.

Le bonapartiste. — Ce que vous dites là n'est pas la vérité ; ce sont les républicains qui ont fait la Commune ; les Félix Piat, les Courbet, les Millière, les Flourens, les Delescluse et bien d'autres dont les noms m'échappent, sans compter ceux qui n'ont pas été poursuivis et dont plusieurs sont bien près des marches du pouvoir. Du reste, il n'y a que des mauvais Français qui puissent mal parler de l'Empire, car dans tous les pays étrangers ce gouvernement était bien considéré ; aucun d'eux n'a porté de mauvais jugement sur son compte.

Le républicain. — Je sais parfaitement que

certains hommes hostiles à l'Empire, ont fait partie de la Commune ; je ne les approuve certainement pas, mais comme ils ont presque tous payé
de leur vie la maladresse qu'ils ont commise, je
pense qu'il serait bon de laisser leurs cendres en
repos, de veiller plutôt sur les agissements de
ceux de tous les partis qui ont trouvé le moyen
de ne pas être inquiétes ou de s'échapper.

Il faut aussi reconnaître qu'il y avait dans le
gros des bataillons révoltés, beaucoup de travailleurs, qui n'ayant pas de quoi se nourrir, ont
préféré se mettre du côté de ceux qui les payaient
sans se rendre compte des conséquences de cette
révolte ; il faut reconnaître encore que le gouvernement n'avait pas eu la prévoyance nécessaire
dans ce moment critique pour subvenir aux né-
cessités journalières de leurs familles ; en effet,
il est bien pénible pour un homme de cœur d'entendre sa femme et ses enfants lui réclamer du
pain quand il ne peut leur en donner. Mettez-vous
un instant à leur place et dites franchement ce
que vous auriez fait. Oui, certes, il y avait de
bons citoyens parmi les ouvriers et les petits employés, mais ils ont été contraints, dans ces funes-
tes événements, de tourner leurs armes contre

leurs frères de l'armée, car ils étaient placés dans l'alternative de mourir de faim eux et leurs familles ou d'être fusillés par des meneurs abrutis qui recevaient pour cette ignoble besogne de l'or fourni par des lâches qui les payaient grassement. Le but de ces derniers était d'attiser cette terrible guerre civile, mais ils avaient soin de ne paraître jamais au moment du danger. Pour moi, les vrais et les grands coupables sont les bonapartistes, et, après eux, les hommes du pouvoir qui n'ont pas su ni voulu faire le nécessaire pour éviter tous ces malheurs. Aussi, Messieurs, nous ne serons jamais bien gouvernés tant que nous aurons à notre tête des soldats ou des avocats (1), hommes qui peuvent avoir leur valeur dans leur sphère, mais qui sont tous élevés en dehors des classes laborieuses, qui forment la majorité du pays, et dont ils ne connaissent ni les besoins ni les aspirations.

Le Légitimiste. — Alors vous approuvez la Commune et vous demandez l'amnistie.

Le Républicain. — Non, je n'approuve jamais un acte odieux; seulement, je cherche à faire

(1) Il y a cependant des exceptions, que nous n'indiquerons pas, mais que tous les bons citoyens entendent faire comme nous.

tomber la responsabilité de ces événements sur la tête des coupables, et je n'hésite pas à dire que le parti impérialiste avait tout profit à brûler les monuments, qui contenaient les parchemins de ses hauts faits, et je soutiendrai mordicus qu'ils sont les seuls bénéficiaires de tous ces crimes. Je ne désire pas non plus l'amnistie : ce que je souhaite de tout mon cœur c'est que le gouvernement pardonne à tous les égarés, afin qu'ils puissent rentrer dans leurs familles; mais de là, il y a loin à laisser entrer dans leurs pays, tous ces hommes insatiables de pouvoir ou toujours mécontents des lois de la France. Non, ce serait désirer pour l'avenir de nouvelles guerres civiles.

Quant à penser un seul instant que l'étranger n'a pas dit son mot sur l'Empire, c'est une grave erreur, que je vais anéantir tout de suite, en vous lisant plusieurs passages des journaux étrangers passages que j'ai détachés et collés sur un carton afin de les rassembler et de pouvoir à un moment donné, comme je vais le faire, les mettre sous les yeux des souteneurs d'un régime exécré de tout homme de bon sens.

Voici pour commencer la *Gazette de Francfort*.

« Hier matin, à dix heures vingt-cinq minutes, est mort, à Chislehurst, Charles-Louis-Napoléon Bonaparte. Nous avons consacré à cet homme néfaste un article qui était, à vrai dire, une note chronologique, lorsque le 2 septembre 1870, il subit la mort politique. Hier, a disparu complétement l'importance qu'il pouvait avoir encore comme représentant de la légende napoléonienne. Si la Bourse de Paris a monté à la nouvelle de sa mort, cela est facile à expliquer; les derniers restes d'inquiétude que la France devait ressentir aussi longtemps que le principal membre de la dynastie napoléonienne vivrait encore, sont maintenant dissipés.

« Avec la mort de son chef, la famille Bonaparte est menacée de se diviser en deux branches, ayant comme prétendants des droits égaux; d'un côté, l'impératrice avec le prince impérial ; de l'autre, le prince Napoléon, fils de Jérôme. Soit qu'elles se combattent à la façon des deux branches de Bourbon, soit qu'elles fusionnent immédiatement, il n'en est pas moins vrai qu'avec Napoléon III, l'idée napoléonienne, ce colossal système de mensonges et de crimes, est descendue au tombeau.

Lisons maintenant la *Gazette de la Croix* de Berlin.

C'est un aventurier que ce Louis-Napoléon, un aventurier tantôt de l'espèce la plus ridicule, tantôt de l'espèce la plus épouvantable, un aventurier qui ne se laissait ni tuer par le ridicule, bien qu'il soit si dangereux en France, ni stigmatiser par le crime, mais un aventurier qui réussit à dicter des lois au monde entier et rejeta pour cela, sur le monde entier, toute la honte dont il s'était lui-même couvert.

Nous n'avons jamais été l'admirateur de cet homme, lorsqu'il etait dans la plénitude de sa puissance; et nous n'avons aucune raison de le juger maintenant qu'il est mort, mais il nous semble que si l'on peint un jour d'une manière impartiale le caractère de Napoléon III, on ne pourra pas oublier de dire combien ce criminel aventurier a été encouragé par la décadence morale de son temps; il faudra constater que la France avait bien mérité la verge qu'elle eut à endurer lorsqu'elle a rétabli l'Empire.

Puis le *Golos*, journal russe.

Le télégraphe nous communique une nouvelle importante, presque inattendue : Napoléon est mort aujourd'hui à une heure. — Sans aucun doute, cette nouvelle produira une immense impression dans le monde entier. — La mort de Napoléon est la fin d'une vie pleine des actions d'un agitateur politique qui, pendant vingt ans, a concentré sur sa personne l'attention des deux hémisphères. — Le fondateur du second Empire français, le createur de son éclat extérieur, en même temps que le fauteur de sa décadence interieure, Napoléon III, ce dernier des Mohicans de la dynastie napoleonienne, est descendu dans la tombe, laissant au monde le souvenir éternel d'un guerrier diplomate, qui excitait sans cesse des troubles et attaquait tout le monde. — Un destin étrange s'est appesanti sur les deux représentants de la famille Bonaparte, sur le grand Napoléon et sur son neveu, qui ne fut pas grand, l'un et l'autre sont allés reposer leurs têtes chaudes sur le sol de cette Angleterre qui avait joué au plus fin avec eux, l'un y est allé en prisonnier, l'autre en souverain découronné et exilé.

Au tour du *Fremdenblatt* de Vienne.

Si, comme le télégraphe nous l'annonce, il est bien vrai que Napoléon III ait rendu le dernier soupir, cet événement ne saurait troubler la marche de l'aiguille qui parcourt le cadran du temps. La mort même de l'homme néfaste qui a déchaîné sur la France et sur le peuple français tant de malheurs effroyables, a déjà été escomptée. La situation pleine d'incertitude, du pays d'au delà des Vosges, le cauchemar croissant des préparatifs de guerre dans presque tous les Etats européens, le partage des familles de peuples en groupes de nationalités qui se haïssent et se persécutent, ce sont autant de conséquences inévitables du système napoléonien; la politique parjure et astucieuse de l'empereur français a infligé à l'Europe et à l'humanité des blessures plus profondes que les courses à la rapine des conquérants sauvages. Même lorsqu'il fut devenu l'élu du peuple, Louis-Napoléon ne sut pas renoncer à la conspiration et à l'intrigue, et jusque sur le trône le plus fier du monde, au lieu de prendre l'attitude d'un prince puissant, il se comportait en vulgaire conspirateur. C'est par des moyens vulgaires et scabreux, qu'il voulait atteindre les buts les plus élevés; il a voulu tromper et duper les autres, et il a fini par être dupé lui-même et perdre le fruit des machinations perfides qu'il tramait de longue date. La nouvelle de la mort de l'empereur sera accueillie en France, avec des sentiments dont il est facile de se rendre compte. Les classes intelligentes de la population rendent Louis-Napoléon responsable de la ruine de leur pays, et c'est là une disposition d'esprit dans laquelle on se sent peu de propension à prendre le deuil. Il est vrai que, par contre, le petit groupe bonapartiste, dans les organes qu'il subventionne, se répandra en gémissements sonores. Déjà les champions impérialistes déploient le zèle le plus actif à l'effet d'attirer les regards de leurs concitoyens sur ce qu'ils appellent la cour de Chislehurst. Ils nous déroulent, dans de touchantes idylles, le tableau de la vie calme et paisible que l'on mène dans la résidence impériale ; ils nous montrent l'empereur décidé à ne pas tenter un coup à la légère, mais en même temps, prêt à saisir la première occasion raisonnable et sérieuse qui se présentera à lui de rétablir en France l'ordre public et la sécurité. Ils trouvent l'ex-impératrice, cette femme dont le bigotisme etroit n'a pas peu contribué à la chute des Napoléonides, singulièrement grandie par les événements, et, quant au prince, ils découvrent en lui un jeune homme ayant la pleine conscience de la grande destinée qui l'attend.

Voilà ce qu'on peut appeler de la brutale franchise.

Dans ce langage apparaissent, sans voile, les visées et les plans d'avenir des bonapartistes. Ils ne prennent pas la peine de parler à demi-mot. Ils parlent carrément et sans détour ; ils vont jusqu'à tenir pour possible encore la restauration de l'homme lamentable qui devrait des remerciements au destin, si une balle prussienne l'eût atteint à Sedan.

Encore un moment de patience pour que je puisse vous lire l'article de *New-York Tribune*.

La vie aventureuse de Charles-Louis-Napoléon Bonaparte est terminée. Il a ourdi sa dernière intrigue, il a rêvé son dernier rêve, cet homme si profondément égoïste, qui était courageux seulement en théorie et qui, plus d'une fois, s'est montré mou comme une femme dans les moments de péril extrême ; cet homme ne se réveillera plus grisé par le succes, ou tremblant de peur devant un échec.

L'étoile à laquelle il avait lié sa fortune a plongé d'abord dans le sang et a disparu derrière un nuage sombre ; avec elle se sont évanouis tous les projets dynastiques dont il s'était fait un héritage et qui ont inspiré toute sa vie. Triste vie, en somme, qui n'a à opposer que quelques grands succès à des centaines de fautes. — Quant à son caractère personnel, on peut le résumer en peu de mots ; en fait de conscience, il n'en avait pas. Lorsque la chose était nécessaire, il savait mentir, tromper, violer sa parole, être parjure à ses serments. A l'époque la plus grave de sa vie, quand il donne l'ordre de massacrer dans les rues de Paris cinq mille hommes, femmes et enfants, on ignore s'il fut autre chose qu'un instrument entre les mains de quelques scélérats éhontes, comme Saint-Arnaud et de Morny. Mais lorsqu'il envoyait vingt-six mille Français périr en Afrique et à Cayenne, il jouait aussi bien le jeu de ses conseillers que le sien propre.

Arrivé au trône par ces moyens, il eut la défiance de tout ce qui était respectable en France, et ne compta pour alliés que la police et l'écume de la capitale. Durant toute sa vie, il n'a jamais pensé ce qu'il a dit, ni lorsqu'il déclara vouloir soumettre ses pensées et ses vues à la volonté nationale; car, au moment où son mandat allait expirer et où il redoutait le succès d'une candidature rivale, il prit ses sanglantes mesures qui assurèrent sa présidence pour dix ans, et enfin l'Empire. — Lorsque, grâce à l'intimidation, a la terreur et aux massacres, il se fut affermi sur le trône, il fit, sans dignité, une démarche auprès de toutes les cours de l'Europe pour obtenir femme, démarche qui aboutit à un échec honteux et à un mariage plébéien.

On ne peut guère nier que la gloire principale du second Empire, ne soit d'un caractère sordide et périssable. En guerre, elle fit peu; en paix, elle cultiva seulement les arts guerriers. Lancée a la poursuite insensée de la prospérité et des besoins matériels, la France oublia en même temps la gloire de la guerre et cette puissance intellectuelle qui en fit autrefois, dans toute l'Europe, l'arbitre de l'élégance littéraire.

Je m'arrête, Messieurs, afin de ne pas abuser

de vos moments car j'aurais bien d'autres citations à vous faire ; certes, il n'en manque pas.
Laissez-moi pourtant vous lire encore ces quelques vers attribués à M. Autran. Ce sera là le
couronnement de l'édifice, le dernier mot sur
cette exécrable famille.

> D'un véritable chef, s'il avait eu la taille,
> S'il avait eu le cœur fait comme un cœur humain,
> Il aurait pu tomber sur le champ de bataille
> Le désespoir dans l âme et l'épée a la main.
>
> Mais non, surpris un jour par un flot de mitraille,
> Il préféra sauter sur le bord du chemin,
> Et, devant l'univers qui s'étonne et le raille,
> Disputer à la mort un chétif lendemain.
>
> Eh bien ! ce lendemain le voila qui s'achève,
> Vainement du peril il crut se degager,
> La mort sous son niveau fut prompte a le ranger.
>
> Il n'est plus, son pouvoir a passé comme un rêve,
> Et rien n en restera que cette ligne breve .
> Il abaissa la France et grandit l'etranger.

Comme vous le voyez, il y a des appréciations
des journaux de tous les pays et tous s'accordent
à traiter l'Empereur de triste et criminel aventurier : aussi, je vous engage, mon cher Bonapartiste, à conserver dans votre for intérieur la sym-
pathie que vous avez pour cette maudite famille.
Il y a trop de mal à dire sur son compte, pour

qu'un honnête homme, un bon patriote, puisse désirer un seul instant voir à la tête de notre pays son triste rejeton.

Voici, du reste, comme s'exprimait avec beaucoup d'à-propos, M. Sénard, lorsqu'il se présentait à la députation devant les électeurs de Seine-et-Oise, quelques années après la guerre, en concurrence avec M. de Padoue.

Comment. d'ailleurs, disait-il, l'hésitation serait-elle possible quand on regarde à quelles institutions, à quels hommes et à quels résultats nous conduirait un vote contraire (c'est-à-dire en nommant M. de Padoue). Je pourrais vous mettre sous les yeux des pages bien instructives de la déplorable histoire du dernier Empire; mais dans le département de Seine-et-Oise, où nous travaillons encore après trois années, à soulager les misères, à relever des ruines laissées par la guerre, ne suffit-il pas de rappeler que cette dynastie fatale a, trois fois en France, escaladé le trône, et que trois fois, elle a rappelé l'invasion étrangère, avec la destruction, le pillage et le démembrement du sol national? Les dates nefastes de 1814, 1815, 1870, gardent le souvenir de ce que nous a coûté chacune des apparitions napoleoniennes, et vraiment, il faut être bien hardi, il faut supposer aux électeurs français bien peu de patriotisme et bien peu de mémoire, pour leur demander d'encourager, par leurs suffrages. l'espérance d'un quatrième retour.

Le Légitimiste. — Ah! du coup, il ne manquerait plus que cela pour anéantir à jamais notre pauvre pays. Je ne vois pas du reste ce que les honnêtes gens auraient à y gagner. Et quels hommes encore s'empareraient du pouvoir, des ambitieux, des endettés, des sabreurs, des personnalités sans valeur ni pudeur ; je déteste certainement le gouvernement républicain, mais je le préfère cent fois à l'Empire ; au moins, avec la République, personne ne gouverne sérieusement ; tout le monde veut avoir sa part du gâteau ; de cette manière ce sera plus tôt terminé et si quelques chances se présentent, nous pourrons peut-être en profiter.

Le Républicain. — Croyez-vous, mon cher légitimiste, que la monarchie puisse réellement apporter aux Français toutes les améliorations gouvernementales et sociales que la majorité désire ; je ne le pense pas, et je vais en quelques mots vous faire un abrégé très-succinct de l'histoire de ce fameux gouvernement de droit divin et vous faire apercevoir que son temps est passe et que nous serons assez heureux pour permettre à M. de Chambord de terminer paisiblement ses jours à l'étranger.

Je commence par reconnaître que, dans des temps reculés, la monarchie a eu sa raison d'être, que le manque d'instruction ne permettait pas aux hommes du peuple de discerner leurs droits et d'accomplir leurs devoirs, qu'un guide leur était nécessaire, que plus tard une direction unique était de toute utilité pour réunir en un seul territoire les principales parties divisées de notre pays ; mais les hommes placés plus ou moins honnêtement par les circonstances de la vie politique et guerrière à la tête de la nation, n'ont que très-rarement apporté le génie et le savoir pour gouverner sagement et honnêtement les intérêts qui leur étaient confiés ; encouragés et aidés par leurs partisans et leurs flatteurs, ils n'ont pas suivi la route de l'honneur et du progrès ; ils ont fait des actes insensés et criminels qui ont abaissé au dernier degré ce système de gouvernement. La monarchie n'a pas été cependant sans faire des actes utiles et convenables qui ont été approuvés par la majorité des Français, et qui certainement ont apporté de grandes améliorations dans le pays. Je suis loin de contester ce qui a été fait, mais il faut reconnaître aussi qu'un administrateur quel qu'il soit, doit toujours et en toute cir-

constances faire bien dans l'intérêt de ses admi-
nistrés. Un roi n'aurait jamais dû être que
l'administrateur intelligent de l'honneur et de la
fortune publique et c'est parce que ces messieurs
ne l'ont pas compris qu'ils ont été souvent chas-
sés de leur trône.

Mais résumons en quelques mots les torts in-
discutables des gouvernements monarchiques.
Louis XIV a été, non le premier, mais l'un des
plus grands promoteurs de la décadence de la
monarchie française, car au lieu d'élever ce système en une institution large et libérale, il en a
fait un gouvernement personnel et tyrannique,
étant le seul pivot, le seul dispensateur de toutes
les actions, de tous les mouvements des Français.
Rien ne se faisait, ne se disait sans ses ordres.
Malheur à quiconque passait outre. Cet orgueil-
leux et fanatique tyran n'a rien su respecter sur
la terre ; ni la vie, ni l'honneur, ni la fortune de
ses prétendus sujets, ni même celle des étrangers. Il n'a été qu'un grand fat rassasié de bonne
heure par les plaisirs immoraux et les dissipa-
tions inqualifiables ; aucune action mémorable
et morale n'a été accomplie sous son égide ; mais
la misère du peuple est arrivée à son comble.

Son règne n'a été qu'une orgie de débauches les plus scandaleuses ; il a violé sa parole dans maintes circonstances ; entouré par des capucins et guidé par le fanatisme de ses maîtresses, cet assemblage immonde a produit la révocation de l'édit de Nantes et les dragonnades qui pèsent encore sur les destinées de la France. La Bastille a été sous lui le récipient de toutes les injustices et de toutes les lâchetés, qu'une côterie de misérables a pu forger pendant soixante années : de plus cette noblesse sans dignité dont les légitimistes parlent avec tant d'orgueil, n'a été en partie sous ce règne et sous celui de ses successeurs, qu'une assemblée de criminels impunis, endurcis dans le vice et dans la débauche, et sans désirer relever les noms de ces hommes à échines souples et viles, nous pouvons dire qu'ils ont beaucoup contribué à faire détester à tout jamais le Gouvernement personnel.

Et son petit-fils, ce débaucheur de jeunes adolescentes, ce misérable maudit des pères et des mères de famille, qui ne savait rien dire ni rien faire de bien, est-ce encore un exemple que le parti du droit divin voudrait nous signaler, à moins qu'on veuille nous rappeler la régence, modèle de licence effrénée, qui aida fortement à anéantir le peu de morale et le peu de vertu qui restait dans notre pauvre France ; mais non, je suis certain que votre bon sens et votre connaissance de l'histoire ne vous permettraient pas de soutenir de pareils hommes ?

Voyons maintenant Louis XVI ; qu'a t-il fait pour le peuple ? rien que continuer les erreurs de ses prédécesseurs, et payer de sa vie et de celles de sa famille pour toutes les cruautés et les injustices endurées par les Français ; et Louis XVIII et Charles X n'ont pas fait non plus merveille. Ils n'ont octroyé que des promesses de liberté, qu'ils retiraient presqu'aussitôt qu'ils les avaient accordées et toujours au détriment des intérêts de la nation, excepté pour les braves émigrés qui se sont partagé le milliard enlevé aux pauvres.

Aussi, sauf quelques entêtés, décorés du titre de princes, de ducs, de marquis, de comtes et de barons, peu de personnes désireraient revivre sous ce régime ; reste Louis-Philippe que notre ami soutient avec tant d'éloquence, éloquence digne d'une meilleure cause. Qu'a-t-il fait, lui aussi ? Il s'est entouré d'hommes hostiles au progrès, il a eu une politique sournoise, sans grandeur ni force. Il a été toujours opposé à tout sentiment élevé, il a vécu en petit rentier accaparreur et n'a pas eu en maintes circonstances l'heureuse inspiration d'approuver des réformes que le peuple réclamait à bon droit.

Voilà le produit de vos gouvernements monarchiques que la majorité des Français repousse, parce que ce régime ne peut profiter qu'à une infime minorité qui, pour garder ses avantages, ne craint pas d'opprimer ses contradicteurs, de toutes les manières.

Le Bonapartiste. — Vous avez donc quelque sentiment de compassion pour le premier Empereur, puisque vous n'en avez pas encore parlé ou très-peu.

Le Republicain. — Il est de certaines époques dont il faut peu parler pour ne pas réveiller de malheureux souvenirs; mais puisque vous le désirez, voici franchement ce que je pense sur cette prétendue grande page de notre histoire.

Napoléon Ier n'a jamais été qu'un homme jaloux de la position des autres; son esprit dominateur et perspicace et les circonstances tourmentees dans lesquelles se trouvait la nation, lorsqu'il est arrivé sur la scène militaire et poli-

tique lui ont permis de prendre à main armée la
première place. Son génie, son aplomb et son
ambition aidant, marchant dans le crime comme
un César ou un Louis XIV, il a pu conserver
quelques années cette haute position acquise si
brutalement, qui, au lieu de l'aider à s'élever
comme un Washington, l'a abaissé comme un
Néron. Son époque est une époque de malheurs
pour la France, malgré ses grandes victoires et
son talent militaire, qui cependant ont été plusieurs fois contestés. Voici, du reste, le jugement
que, dit-on, portait le duc d'Enghien, paroles qui
furent le prétexte de son lâche assassinat :

« Les exploits de Bonaparte prouvent peu de chose
en faveur de son génie militaire. Depuis longtemps, j'ai
le secret de ses succès et de sa tactique. Il ne doit ses
triomphes qu'au peu de prix qu'il met à la vie de ses
soldats. Tant que les autres puissances ne lui oppose-
ront pas un pareil système de guerre, elles peuvent
compter sur des revers. C'est en jetant des bataillons
entiers sur les sabres de la cavalerie ennemie, c'est en
ne comptant point les morts et les blessés, que ce pré-
tendu grand capitaine est parvenu à séduire l'Europe
par l'éclat de ses armes. »

Je vous citerai aussi cet aphorisme qui, pour
lui, justifiait tous ses crimes et les lâches moyens

qu'il employait contre ceux qui, par honnêteté, par devoir, mettaient un obstacle à son ambition démesurée : « *Deux soleils ne peuvent pas éclairer le monde, ils le brûleraient.* »

Aussi, Messieurs, son nom et celui de son triste neveu seront toujours abhorrés en France, car les Français aiment l'honneur, la justice et la grandeur de leur pays.

Le Bonapartiste. — Vous n'avez probablement pas lu l'*Histoire du Consulat et de l'Empire*, de M. Thiers, sans cela vous ne porteriez pas un semblable jugement sur une des plus grandes gloires de la France; je me rappellerai toujours que mon grand père et mon père pleuraient à chaudes larmes lorsque ma mère lisait tous les soirs à haute voix cet ouvrage si intéressant, se souvenant l'un et l'autre des faits passés de leur temps et des actes constatant la grandeur du règne de Napoléon Ier.

Le Republicain. — Malheureusement nos pères ayant reçu peu d'instruction se sont laissés éblouir par le récit de cette histoire, écrite avec beaucoup de talent et de conviction, mais sans se rendre un compte exact des situations et des conséquences terribles de cette fausse grandeur;

ils avaient l'esprit batailleur; les idées philosophiques et philanthropiques de nos jours ne les
avaient pas pénétrés ; battre un ennemi était à
cette époque ce qu'il y avait de plus grand.
Chaque victoire flattait leur amour-propre et
leur orgueil, sans qu'ils se rendissent compte
que, de notre côté, nous faisions des pertes sen-
sibles et irréparables tant en libertés qu'en
hommes et en argent.

Aussi suis-je d'avis que Béranger et Thiers ont
fait au pays un mal considérable et inconscient ;
le premier en faisant chanter ses couplets napo-
léoniens, le second en publiant l'histoire dont
vous venez de parler, car tous les deux ont puissamment aidé à conserver dans le cœur du
peuple les légendes napoléoniennes et aider par
ce résultat à donner une approbation irréfléchie
aux ambitions néfastes des hommes intéressés
du second Empire.

Le Légitimiste. — Ne nous parlez donc jamais
de votre Thiers, pas plus que de ses anciens
acolytes, tels que les Jules Favre, les Picard, les
Gambetta, les Barodet et consorts. Tous ces
hommes-là ne valent pas mieux que les Communards, à quelque parti qu'ils appartiennent. Aussi,

heureusement, avons-nous à notre tête ce Bayard
moderne qui a su et saura encore mettre tous ces
gens-là à la raison.

Le Republicain. — Voilà comment raisonne
une grande partie de nos adversaires politiques,
on manque de bon sens ou de bonne foi, on ne dis-
cute pas, et, pour couper court à ce qu'on ne peut
réfuter, on emploie de mauvaises et injurieuses
expressions sur le compte de gens qui ne sont
pas de notre avis, et on porte aux nues ses idoles.
MM. Thiers, Jules Favre, Gambetta, Barodet, etc., ne sont pas de plus malhonnêtes gens
que M. de Mac-Mahon. Ces messieurs seulement
ont des vues tout opposées; ils pensent ou ont
pensé qu'en dirigeant les masses dans le sens
qu'ils avaient adopté et qu'ils croyaient le meilleur, ils réussiraient à apporter dans le pays le
calme et cette unité de vue si nécessaires au
bien-être général. Du reste, ce n'est que le temps
qui nous permettra de les juger avec impartia-
lité.

Mais, disons-le franchement, tous ces débats
sont regrettables, d'autant plus qu'il serait si
facile d'arrriver par le raisonnement à nous faire
de mutuelles concessions, qui nous permettraient

d'attendre lentement, mais sûrement et sans secousses, un avenir meilleur.

Quant aux mots « conservateur et radical, » ce sont deux expressions dénaturées, qui ne sont en ce moment que des mots maladroitement employés, car il y a parmi les républicains les plus foncés des personnes qui possèdent de grandes fortunes et qui, comme tout le monde, tiennent à conserver ce qu'elles ont ; mais les hommes de mauvaise foi n'y regardent pas de si près ; et ce mot de conservateur ne devrait être employé franchement que pour désigner les personnes qui désirent conserver le gouvernement actuel, qui peut seul empêcher toutes coalitions entre les différents partis, car, à bien considérer, les républicains sont en majorité et il n'y a que les ignorants ou les intrigants de la pire espèce qui ne veulent pas en convenir. Le mot radical est aussi fort mal employé, puisqu'il y a dans tous les partis des hommes qui poussent à l'extrême, et l'employer pour un seul parti, c'est manquer d'honnêteté politique, ce qui malheureusement n'est pas rare chez nos adversaires.

Quant à M. Barodet, vous le connaissez bien peu pour jeter son nom à tout propos à la tête des peureux et des craintifs. C'est un homme honorable sous tous les rapports et, de plus, fort intelligent. Si M. Thiers, avec son système incompréhensible et peu pratique, n'avait pas voulu faire une République sans républicains, et par cette fiction renvoyer de leur position officielle les bons citoyens qui soutenaient la République, pour confier les rênes du gouvernement et les premiers emplois aux Broglie, Buffet, Fourtou, Ducros et à tous ces retardataires intéressés à la perte du gouvernement républicain, M. Barodet serait resté probablement inconnu en dehors de son département et serait peut-être encore à la tête de la mairie de Lyon, qu'il administrait parfaitement, d'après le dire d'une grande partie de ses concitoyens. Il n'aurait pas été porté en triomphe par les Parisiens, qui l'ont préféré à M. de Rémusat, qui était loin de représenter les idées de liberté et de démocratie si chères à notre population parisienne, d'autant plus que celle-ci n'était pas fâchée en même temps de faire sentir au pouvoir que les idées personnelles et les entêtements de quelques-uns n'étaient plus de mise.

Je dois dire à regret que M. Thiers, en soutenant les anti-républicains de toutes nuances, a été en grande partie la cause de nos malheurs et des tourments que nous avons eus à supporter jusqu'à ce jour, et sans l'admirable direction qu'il a donnée à notre grand emprunt et à la libération de notre territoire, étant le seul citoyen capable de mener à bonne fin une entreprise si gigantesque, car il était l'homme universellement connu, nous aurions bien des choses à lui reprocher, mais ce grand acte et son testament politique couvrent sa mémoire d'une auréole majestueuse, qui nous fera oublier, ainsi qu'à nos enfants, le mal qu'il a fait à la France, pour ne plus nous souvenir que du bien qu'il nous a procuré.

L'ORLÉANISTE. — L'avenir sur lequel vous portez tout votre espoir n'est pas encore près de vous; car, si vous êtes 4,500,000 républicains de toutes nuances et de toutes valeurs, nous sommes aussi près de 3,500,000 opposants de tous les partis, qui vous résisteront encore longtemps, soyez-en certain.

LE RÉPUBLICAIN. — Pas si longtemps que vous le croyez. Je vais vous le prouver, séance tenante. Tous les jours nous perdons dans la société des personnes âgées, qui emportent avec elles leurs

opinions et les sympathies qu'elles portaient
aux régimes déchus, ayant été élevées et ayant
vécu de leur temps ; cela se conçoit ; mais aussi
il arrive tous les jours à la vie politique des jeunes gens qui n'ont ni la même éducation ni les
mêmes intérêts et qui apportent un appoint considérable à l'élément de liberté et de justice que
nous préconisons sous le nom de République.

LE LÉGITIMISTE. — L'heure de nous séparer
approche, notre enragé républicain ; et nous serions bien heureux, les uns et les autres, de vous
entendre définir les fameuses libertés de votre
gouvernement de prédilection, de nous dire
comme quoi la République est la meilleure forme
de gouvernement, à moins que vous ayez encore
à frapper sur les gouvernements monarchiques.

LE RÉPUBLICAIN. — Pour ce qui est de cette
dernière observation, je vous ferai remarquer
que je n'ai eu nullement la prétention ni le désir
de vous faire un cours d'histoire. Je n'ai tenu
qu'à rappeler sommairement une grande partie
des fautes des rois et des empereurs, vous faire
comprendre qu'espérer un autre gouvernement
que celui qui nous régit maintenant, serait tout
simplement désirer la guerre civile et même

la guerre à l'étranger, s'emparer injustement du pouvoir, seulement pour quelque temps, comme quelques détestables intrigants de triste mémoire l'ont fait il y a quelques mois, le tout sans profit pour le pays, bien au contraire. Du reste, la Constitution du 26 février 1875 a été reconnue et approuvée par la majorité de l'Assemblée, ratifiée par les élections du 20 février 1876 et du 14 novembre 1877. Quiconque aujourd'hui travaillerait à anéantir ce résultat, pourrait être à juste titre considéré comme un fauteur de désordre, un traître aux lois de son pays et poursuivi par la justice.

Mais il est tard et j'arrive à ma conclusion.

La République est la meilleure forme de gouvernement, parce que c'est le gouvernement de tous par tous, et pour tous, c'est-à-dire qu'elle permet à tous les citoyens honnêtes et intelligents de servir leur pays, d'arriver aux positions les plus élevées, sans intrigues ni crimes, d'en descendre avec dignité, sans être obligé de faire subir au pays de nouvelles révolutions qui font toujours un grand nombre de victimes et de malheureux.

Parce que, sous cet emblème, le peuple peut

s'instruire sans opposition ni difficulté de la part des gouvernants, arriver par cela même à s'élever dans l'ordre social, exécuter avec connaissance de cause tous ses actes politiques et civils, combattre avec force et raisonnement le cléricalisme qui est la peste permanente de notre pauvre France.

Parce qu'avec cette forme de gouvernement, l'on arrivera sous peu à détruire les abus du pouvoir, les vexations, les injustices, les fraudes et les inégalites qui subsistent, produit d'un autre temps, mais encore ancrés dans presque tous les cervaux des hommes chargés de la direction de nos affaires, abus qui ne peuvent s'extraire qu'avec le temps, la persévérance dans le bon droit. Parce qu'on arrivera à faire entrer dans l'esprit d'une grande partie de nos compatriotes ces idées philosophiques de science et d'avenir, qui sont le palladium des Français, à affirmer l'œuvre sociale que nous a léguée la Convention en nous imprégnant de ses idées humanitaires et libérales, car il faut nous rappeler que le peuple lui doit ses deux immortelles Constitutions de 1793 et de 1796, qui protégeaient le pauvre comme le riche, le fort comme le faible, le juste contre l'injuste, et qui créa tant d'établissements scientifiques et littéraires qui sont encore aujourd'hui la gloire de notre nation.

Parce qu'un gouvernement républicain peut maintenir l'ordre et exister à moins de frais que les autres gouvernements, n'ayant pas besoin pour se soutenir de fonds secrets avec lesquels on avilit et on déshonore le caractère des hommes, et d'une police générale et personnelle répandue sur tout le territoire et même à l'etranger, et payée grassement aux dépens des travailleurs.

Parce qu'avec la République nous n'aurons plus à supporter les aveuglements ruineux de ces intrigants usurpateurs, qui croient que la terre et les hommes sont créés simplement en vue d'assouvir tous leurs désirs et qui, après avoir fait beaucoup de mal et bien des maladresses, pensent encore être les sauveurs de la société qu'ils ont opprimée; de plus nous n'aurons plus à subir après la mort de ces fous les tristes rejetons qu'ils laissent et qui ne sont souvent que des produits affaiblis par leurs excès et leurs débauches.

Parce qu'avec la République nous obtiendrons

l'instruction laïque et obligatoire, gratuite pour ceux qui ne peuvent pas payer ; des écoles d'apprentissage, des caisses de retraite pour les ouvriers et des améliorations considérables pour les classes laborieuses.

Parce qu'avec elle nous développerons le bien-être généra[1], en maintenant l'égalité politique et l'égalité devant la loi, sans la faire intervenir à chaque instant du côté du plus fort ou du plus protégé, en laissant à chacun le produit presque net de son travail, qui était absorbé sans profit pour les imposés par les frais exhorbitants du pouvoir personnel, par les guerres désastreuses, insensées et dynastiques que la nation soutenait souvent malgré elle, et qui nous mettaient souvent dans une fausse position en amenant l'étranger sur notre sol pour nous ruiner et nous séparer sans jugement d'une partie de nos concitoyens.

Parce qu'il est le gouvernement qui nous divise le moins, comme l'a dit M. Thiers, car la République est impersonnelle et n'implique aucune politique aventureuse et dynastique et n'excite aucune jalousie de la part des puissances étrangères, car elles reconnaissent toutes que c'est la seule manière de gouverner qui puisse nous convenir, à cause de notre caractère national et des épreuves malheureuses que nous avons déjà subies sous les autres formes de gouvernement.

Parce qu'avec ce gouvernement libéral nous serons conduits sans secousses, sans révolutions faites à coup de canons, à la séparation de l'État et de l'Église, au mariage des ministres catholiques et au divorce, nouvelle loi qui apportera dans la famille un horizon nouveau, si grand et si utile, la morale, et qui modifiera aussi les liens du mariage. Il ne deviendra plus une affaire ou un marché, dont les conséquences fâcheuses retombent toujours sur la tête des enfants après avoir troublé l'existence des parents.

Parce qu'avec le gouvernement de tous, par tous et pour tous, il faut que les directeurs de nos intérêts généraux politiques et matériels rendent des comptes exacts aux élus du suffrage universel, et qu'il sera plus tard impossible de faire des détournements ou des virements inqualifiables, qui détournent entièrement de leur destination les fonds publics.

Parce qu'en un mot c'est le plus honnête, le moins coûteux, le plus libéral, le plus digne qu'une nation puisse se donner; il élève le peuple en permettant à ses membres de grandir sous l'égide de toutes les libertés, surtout sous celle de la liberté politique, qui est la sauvegarde de toutes les autres, qui place tous les citoyens au même niveau par le principe de l'égalité. Parce que ce gouvernement porte aussi dans son sein la base principale de l'humanité, qui réunit tous les hommes en un seul groupe, c'est-à-dire la Fraternité.

Voilà pourquoi j'aime par dessus tout la République et que mes vœux les plus sincères sont pour la réussite et la continuation perpétuelle de cette forme de gouvernement.

L'heure déjà avancée et la fatigue de la discussion aidant, nos politiques se quittèrent plus ou moins satisfaits de ces parce que; mais je me suis aperçu à leur manière de sortir et de serrer la main à mon ami, qu'ils avaient compris que leur temps était passé, et, qu'en y mettant un peu de bonne volonté et de raisonnement, ils finiraient par accepter le gouvernement républicain qui est le seul possible, et le seul qui, à l'exclusion de tout autre, peut donner à l'humanité entière les bienfaits divers et les jouissances morales et matérielles qu'elle peut obtenir sur la terre et que le Créateur a combinees et placées pour tous en général et non dans l'interêt de quelques-uns.

C'est du reste mon avis.

JEAN DES BOIS.

Paris, 2 Decembre 1878.

St-Denis. — Imprimerie J. Brochin, rue de Paris, 94. — J 1879.

SAINT-DENIS — IMPRIMERIE J. BROCHIN, RUE DE PARIS 94